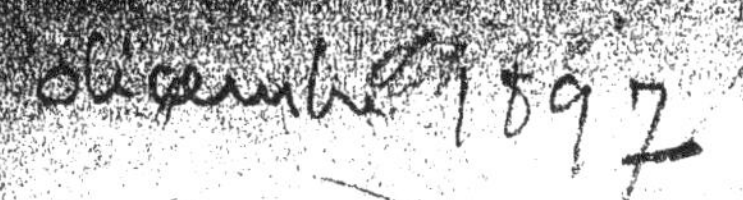

CATALOGUE

D'UNE COLLECTION

D'ESTAMPES

ANCIENNES

DESSINS ET LIVRES

DONT LA VENTE AUX ENCHÈRES PUBLIQUES AURA LIEU

HOTEL DES COMMISSAIRES-PRISEURS, RUE DROUOT, N° 9

SALLE N° 8

LES VENDREDI 3 ET SAMEDI 4 DÉCEMBRE 1897

Me MAURICE DELESTRE
Commissaire-Priseur
5, Rue Saint-Georges, 5

M. LÉON SAPIN
Libraire
3, Rue Bonaparte, 3

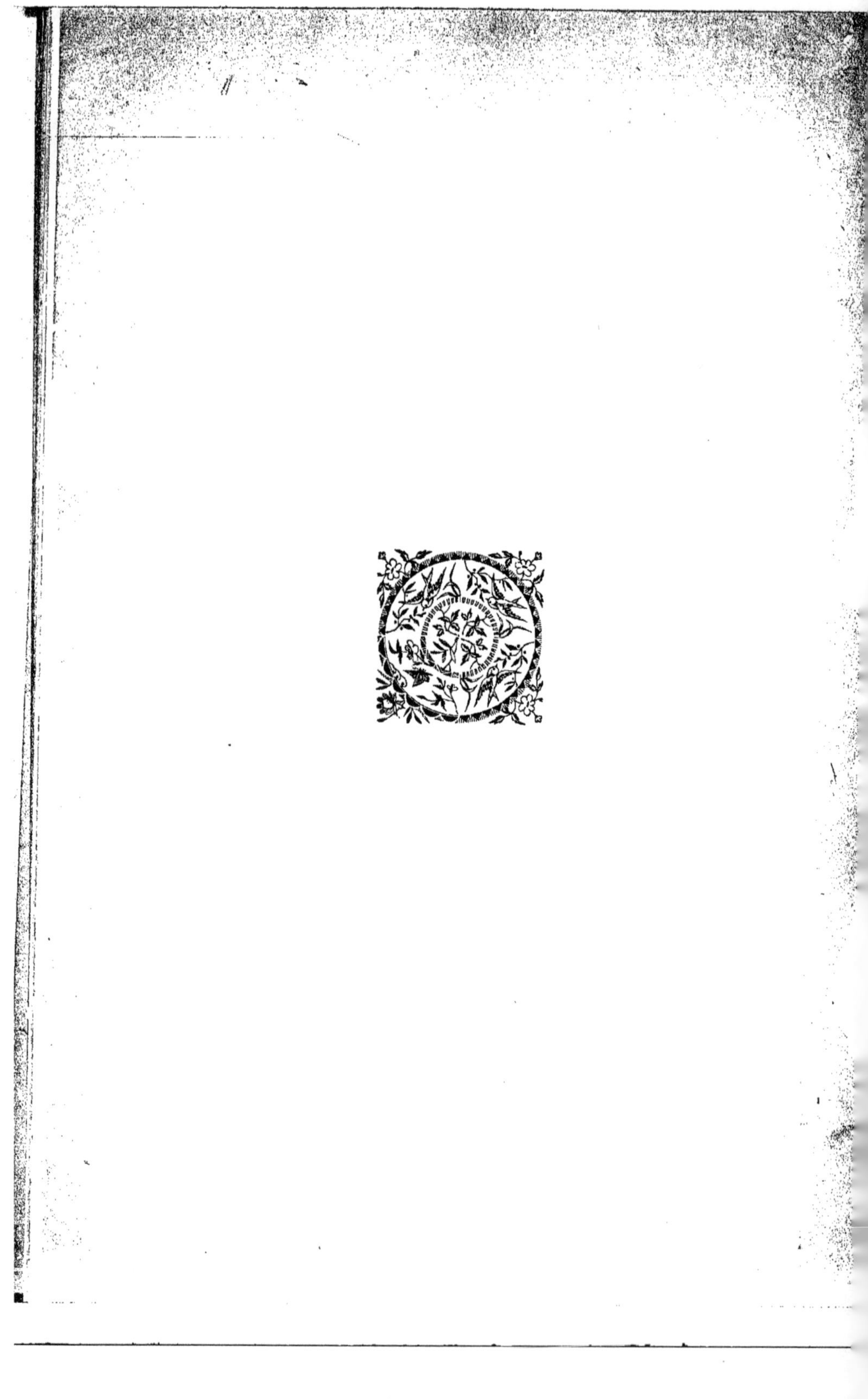

CATALOGUE

D'UNE COLLECTION

D'ESTAMPES

ANCIENNES

DESSINS ET LIVRES

DONT LA VENTE AUX ENCHÈRES PUBLIQUES AURA LIEU

HOTEL DES COMMISSAIRES-PRISEURS, RUE DROUOT, N° 9

SALLE N° 8

LES VENDREDI 3 ET SAMEDI 4 DÉCEMBRE 1897

Par le ministère de Me **Maurice DELESTRE,** commissaire-priseur, rue Saint-Georges, n° 5

Assisté de M. **Léon SAPIN,** libraire, 3, rue Bonaparte

PARIS, 1897

ORDRE DES VACATIONS

Vendredi 3 Décembre 1897

Du n° 1 au n° 163.

Samedi 4 Décembre 1897

Du n° 164 au n° 326.

Messieurs les amateurs pourront examiner les estampes chez M. Léon SAPIN, 3, rue Bonaparte, de deux heures à quatre heures, à partir du lundi 29 novembre.

CONDITIONS DE LA VENTE

La vente se fait au comptant.

Les livres devront être collationnés dans les vingt-quatre heures de l'adjudication. Passé ce délai, ou sortis de la salle de vente, ils ne seront repris pour aucune cause.

M. L. SAPIN remplira les commissions des personnes qui ne pourraient assister à la vente.

Les acquéreurs paieront 5 pour 100 en sus des enchères, appliquables aux frais.

ESTAMPES ET DESSINS

ESTAMPES

ABATS-JOUR

1 — Les Courses. — La Promenade au Bois. — Calendrier de 1833. — La Chasse. — L'Ecole. — Scène du Moyen-âge, etc...

Trente pièces, lithographies en couleurs.

ACHARD (Jean)

2 — Paysages.

Huit pièces. Très belles épreuves sur japon.

ADAM (Victor)

3 — Chevau-legers, Lanciers, 1814. — Grenadier à cheval 1814.

Deux lithographies in-fol. Très belles épreuves coloriées à toutes marges.

4 — La Foire aux Idées. 20 planches. — Le Mal. Le Bien. Alphabet. 23 planches.

Quarante-trois lithographies.

ALBUMS

5 — Albums de Dessins anciens et modernes.

Trois albums renfermant environ cent vingt dessins.

ALMANACH

6 — Almanach royal de 1816 à la Fleur-de-Lys, gravé par Canu.

Belle épreuve coloriée.

ANSELIN (J.-L.)

7 — Le Satire impationt, d'après Ph. Caresme.

Très belle épreuve avant la dédicace.

AUDRAN (Gérard)

8 · La Femme adultère, d'après Poussin.

In-fol. Très belle épreuve du 2e Etat, piquée.

BALÉCHOU (J.-J.)

9 — Sainte Geneviève d'après C. Van Loo.

In-fol. Très belle épreuve avant la lettre avec grandes marges. Rare en cet état.

BELLA (Stefano della)

10 — Rinceaux et Cartouches divers.

Vingt-quatre pièces. Belles épreuves.

BELLANGÉ (Hippolyte)

11 — Officier de Grenadiers à cheval en grande tenue (ex-garde). — Officier de chasseurs à cheval en grande tenue.

Deux lithographies petit in-fol. Très belles épreuves coloriées.

BELLANGÉ et PRUCHE

12 — Batailles. — Sujets de genre.

Soixante-dix pièces.

BERAIN (Jean)

13 — Planches pour les Armuriers.

Huit pièces. Très belles épreuves, rares.

BERVIC, MORGHEN, PORPORATI, etc.

14 — Cléopâtre. — L'Enlèvement de Déjanire. — Suzanne au bain. — Triomphe de Galathée. — Léda. — Adam et Ève. — La Famille indigente; etc.

Vingt pièces in-fol., dont trois avant la lettre et une à l'état d'eau-forte pure. Belles épreuves.

BOILLY (d'après L.)

15 — La Dispute au Cabaret.

In-fol. Très belle épreuve avant toutes lettres, avec des essais d'aqua-teinte dans les marges.

BOSSE (Abraham)

16 — Le Jardin de la Noblesse Française.

Suite de 18 pièces dont nous n'avons que douze. Belles épreuves. Rares.

BOILLY (d'après L.)

17 — Prélude de Nina, gravé par A. Chaponnier.

In-fol. Bonne épreuve.

BUCHSMACHER (Jan)

18 — Les Mois.

Suite de douze pièces. Très belles épreuves.

BUNBURY (d'après H.)

19 — Sir Andrew Aguecheek, Sir Toby Belch et the Clown. — Falstaff at Justice Shallow's. 1792.

Deux pièces in-fol. gravées par Tomkins et Gardiner. — Très belles épreuves en couleurs avec grandes marges.

CALAMATTA (Louis)

20 — Le Vœu de Louis XIII, d'après Ingres. 1837.

Grand in-fol. Belle épreuve sur chine, à grandes marges.

CALAMATTA et **HENRIQUEL-DUPONT**

21 — Le Duc d'Orléans, d'après Ingres. — Jeanne de Baden-Baden, duchesse d'Orléans.

Très belles épreuves avec marges. Deux pièces.

CARICATURES

22 — Caricatures sur Charles X.

Soixante-deux pièces par Traviès, Menu, E. Forest, etc. Belles épreuves.

23 — Caricatures politiques et Scènes de Mœurs.

Douze pièces gravées par John Gilbray. Très belles épreuves, dont huit coloriées.

24 — Caricatures politiques et Scènes de Mœurs.

Trente-cinq pièces.

25 — Portraits-charges, Caricatures et Scènes de Mœurs.

Cent pièces par Daumier, Cham et Edouard de Beaumont. Belles épreuves.

26 — Caricatures politiques et Scènes de Mœurs.

Cent-trente pièces par Traviès, Grandville, Philippon, Raffet, Ch. Vernier, Boilly, etc. Belles épreuves, plusieurs coloriées.

27 — Caricatures extraites de la Caricature, des Actualités, etc.

Soixante-dix-sept pièces par Grandville, Traviès, etc., dont plusieurs doubles. Belles épreuves.

28 — Musée Philipon, tome Ier. — Album saugrenu, par Cham. Ensemble 2 vol. in-4 cart.

29 — Caricatures de la Commune.

Trente-cinq pièces par Alf. Le Petit, Faustin, Klenck, etc., dont plusieurs doubles.

30 — Caricatures et Scènes de Mœurs anglaises.

Dix-huit pièces gravées par Hunt, Bretherton, etc., dont plusieurs coloriées.

31 — Caricatures et Scènes de mœurs anglaises.

Trente pièces gravées par Bretherton, W. Dickinson, etc.

CARTES

32 — Cartes et Plans géographiques.

Cent pièces anciennes et modernes.

CÉRAMIQUE

33 — Recueil des fayences françaises, dites de Henri II et Diane de Poitiers, dessinées par Carle Delange et lithographiées par Delange et Bornemann. *Paris*, 1861 in-fol.

Quarante-cinq planches dans un carton.

CHARLET et VERNET

34 — La Bienfaisance. — L'Hospitalité. — Voltigeur, 1809. — L'Aumône. — Ier Cheval Normand. — La Danse des Chiens. — Le Gamin éminemment et profondément national. — A Stage-Coach. — Le Marché aux chevaux, etc.

Douze pièces. Bonnes épreuves.

CHOQUET et HUBERT

35 — Compositions pour les écrivains de la Restauration.

Cent-douze petits dessins à la sépia.

CHRÉTIEN

36 — Portrait supposé de Marie-Antoinette, 1791.

Belle épreuve rehaussée de couleurs. Encadrée.

CLASSENS (L. A.)

37 — *Aspettare ex*, d'après L. Coclers.

Très belle épreuve à toutes marges, lettre grise.

COCHIN fils (C. N.)

38 — Frontispice avec le médaillon de Louis XV, pour l'Ecole de Mars. 1772.

Très belle et rare épreuve à l'état d'eau-forte pure.

COINDRE (F.).

39 — Compositions pour illustrer Madame Bovary, de Flaubert.

Sept aquarelles.

COKOLOBÉ (Nemrod).

40 — Sujets de chasse en Russie.

Huit pièces in-fol. Fac-simile d'aquarelles.

COURSES (pièces sur les)

41 — Fores's sporting scraps. — Saddling, Ready for a Canter, The Starl, The Struggle. 1850.

Quatre sujets gravés sur la même planche, par J. Harris d'après Alken. Très belle épreuve coloriée.

42 — Ideas. 1827.

Cinq pièces coloriées, d'après Alken. Très belles épreuves.

43 — Fores's Series. 1863.

Planches 5, 6 (deux compositions) et 10. Quatre lithographies en couleurs, par Browne. Très belles épreuves.

44 — La Course, d'après Carle Vernet, par Debucourt.

In-fol. Très belle épreuve imprimée en noir.

45 — Le Cheval de course courant à Epsom. — Le Cheval de course dans l'enceinte de la maison où l'on pèse les Jockeys. — Le cheval de course au poteau d'arrivée.

Trois lithographies in-fol., d'après des études peintes à New-market en 1809, par Dubost. Très belles épreuves à toutes marges.

46 — Horses going to a Fair, gravé par W. Fellows, d'après Jones.

In-fol. Très belle épreuve à grandes marges, en couleurs.

47 — Les Suites d'une Course, gravé par Jazet, d'après C. Vernet.

In-fol. Très belle épreuve coloriée.

48 — L'Entrée à l'Ecurie, gravée par Jazet, d'après Carle Vernet.

In-fol. Très belle épreuve coloriée.

49 — Le Départ, gravé par Jazet, d'après Carle Vernet.

In-fol. Très belle épreuve coloriée.

50 — Préparatifs d'une Course, gravé par Jazet, d'après Carle Vernet.

In-fol. Très belle épreuve coloriée.

51 — La Course, gravée par Jazet, d'après Carle Vernet.

In-fol. Très belle épreuve coloriée.

52 — Le Cavalier démonté. — Retour de la Course. — Chevaux de Carosse, etc. d'après Carle Vernet.

Sept pièces.

53 — Pièces diverses sur les Courses, et la Chasse.

Quinze pièces.

54 — The Mail Change. — Constance. — Etude de Chevaux, etc.

Dix pièces gravées ou lithographiées.

DASSONVILLE (Jacques)

55 — Scènes de Bohémiens et sujets de tabagie.

Dix-huit pièces rares. Très belles épreuves.

DAUMIER, GAVARNI, etc.

56 — Gravures sur bois extraites des Français peints par eux-mêmes.

Deux cent trente pièces coloriées. Belles épreuves.

DÉ (le Maître au)

57 — Sacrifice au dieu Pan.

Très belle épreuve.

DEBUCOURT (P. L.)

58 — Louis XVIII, d'après J. Isabey.

In-fol. Belle épreuve.

59 — Mort du Prince Joseph Poniatowski, d'après H. Vernet.

Grand in-fol. Deux très belles épreuves dont une en couleurs.

DELAULNE (Etienne)

60 — Les Dieux et Déesses de l'antiquité.

Dix-neuf toutes petites pièces.

DELLA BELLA (S.)

61 — Costumes européens.

Soixante-quinze petites pièces en un album cartonné.

DELORT (Charles)

62 — Scènes de Saltimbanques.

Deux dessins à l'encre de chine, rehaussés de gouache. Encadrés.

DESNOYERS (A. Boucher)

63 — La Vierge aux Rochers, d'après L. de Vinci.

In-fol. Très belle épreuve, piquée.

DESNOYERS, TARDIEU, FORSTER et **MARTINET**

64 — La Visitation. — La Belle Jardinière. — La Vierge de la Maison d'Orléans. — La Vierge de la Maison d'Albe. — La Vierge de Foligno. — Communion de St-Jérôme.

Sept pièces in-fol., d'après Raphaël et Dominiquin, dont deux avant la lettre. Belles épreuves à grandes marges.

DESSINS

65 — Sujets de genre. — Paysages. — Croquis, etc.

Vingt dessins modernes par ou d'après Rochegrosse, Forain, Boulanger, E. Toudouze, etc...

66 — Sujets religieux. — Paysages. — Croquis divers.

Vingt-quatre dessins attribués à Claude Lorrain, Jules Romain, Hubert Robert, Watteau de Lille, etc...

67 — Paysages. — Vues. — Fleurs. — Têtes de fantaisie, etc.

Cent cinquante dessins anciens et modernes.

68 — Paysages. — Vues. — Sujets de genre — Têtes de fantaisie.

Deux cents dessins et aquarelles anciens et modernes.

DEVÉRIA (Achille)

69 — Les Etrennes. — Le Galop. — Longchamp. — Retour de la chasse. — Vendanges.

Cinq lithographies. Très belles épreuves coloriées.

DICKINSON (William)

70 — La Tempête. — Le Naufrage, deux pièces d'après Joseph Vernet.

Très belles épreuves imprimées en couleurs.

DU CERCEAU (Androuet)

71 — Fonds de Coupes ornés de sujets et figures mythologiques.

Sept pièces. Très belles épreuves.

DU JARDIN (Karel)

72 — Animaux et Paysages (B. 1 a. 52).

Suite de cinquante pièces dont nous n'en possédons que quarante. Belles épreuves anciennes.

EARLOM (Richard)

73 — Nympls and Satyrs, d'après Rubens.

In-fol. Très belle épreuve.

EAUX-FORTES

74 — Essais de Gravures à l'eau-forte. 1835.

Quatorze pièces gravées par V. Adam, Philippoteaux, Couder, Alaux, etc. Très belles épreuves.

75 — Vignettes. — Sujets religieux et de genre. — Paysages.

Soixante-quinze pièces par Ch. Jacque, Pils, Henriquel-Dupont, Haussoulier, etc. Belles épreuves.

ECOLE ANCIENNE

76 — Sujets de la Passion du Christ. — Jésus parmi les Docteurs de la loi. — St Christophe. — Figure de la Bible.

Cinquante sept pièces par ou d'après Alb. Durer, Beham, etc. Belles épreuves.

77 — Alexandre et Philippe. — Silène. — La Curieuse. — Tarquin et Lucrèce, etc.

Onze pièces d'après P. Véronèse, Van Dyck, Goltzius, Boucher, etc. Bonnes épreuves.

78 — Recueil des Eglises de Paris, par Jean Marot. — Sujets de tabatière. — Sujets de genre. — Portraits, etc.

Quarante pièces par Marot, J. Morin, Fragonard, S. Le Clerc, etc.

79 — Paysages. — Sujets religieux et de genre.

Cent pièces par ou d'après Durer, Callot, Rembrandt, Ostade, etc.

ECOLE ANGLAISE

80 — Matins. — Antony and Cleopatra. Act. 1. — Midsummer-night's Dream. Act. 2. — Vénus et l'Amour. — Miss Chester. — A. Macintosh. — Princesse Charlotte de Galles.

Sept pièces gravées par Hodges, R. Sayer, S. W. Reynolds, Stadler, etc., belle épreuve dont une en couleurs.

81 — Les Enfants surpris par l'orage. — The Three Graces. — Courtshia. — La Couseuse villageoise. — Ceyx and Alcyone. — Celadan and Amelia. — The interview of Augustus and Cleopatra, etc.

Quatorze pièces gravées par Woolett, Earlom, Bartolozzi, etc., belles épreuves.

82 — Le Printemps. — Rembrandt's Peasant Girl. — P[t] de G. Elliot.

Trois pièces in-fol. gravées par Bartolozzi, Miller et W. Say. Très belles épreuves avec marges.

83 — Le Roi Lear. — Mesure pour Mesure. — Troilus et Cressida, etc.

Neuf pièces in-fol., pour le théâtre de Shakespeare, gravées par Ogborne, Earlom, Schiavonetti, etc., 1796. Très belles épreuves dont deux coloriées.

84 — Master Ashley. — Louisa Mary Portman. — Henrietta Vyner. — Lord Fordwich. — La Reine de Portugal.

Cinq pièces gravées par Woolnoth, H. Cooke, H. Robinson et J. Thompson. Très belles épreuves sur Chine fixé.

ECOLE DU XVIIIe SIÈCLE

85 — L'Amusement utile. — Choice Fruit. — Le Sommeil. — Cou-cou. — Le petit chien. — La Jardinière. — Femme couchée. — Le Bain. — Adrienne Lecouvreur dans Cornélie. — The First Kiss of Love. — Abeilard offre l'hymen à Héloïse.

Vingt-deux petites pièces, la plupart ovales et en couleurs.

86 — La Faute est faite, permettez qu'il la répare. — Les Regrets mérités. — C'est Papa ! — La Félicité villageoise. — L'Enfant chéri. — Le Bonheur du ménage.

Si pièces gravées par N. De Launay et Anselin d'après Freudeberg, Borel, Van Gorp, Le Prince, etc.

87 — Portrait de femme. — Sujets gracieux.

Trois pièces in-fol. Belles épreuves avant toutes lettres.

88 — Persée et Andromède. — Les Plaisirs interrompus. — Les Soins maternels. — Séparation douloureuse. — Le Pont de Neuilly. — Le Temps perdu. — L'Intrigue découverte, etc.

Seize pièces gravées par Caron, Noël, Wille, Halbou, Le Beau, etc. Belles épreuves dont trois avant la lettre.

89 — Le Sommeil dangereux. — La Matinée. — Le Petit Pasteur. — Vénus et les Amours. — Les Grâces au bain. — Fêtes vénitiennes. — La Danse champêtre, etc.

Dix-neuf pièces d'après Watteau, Boucher et Freudeberg, par Liotard, Lebas, Gaillard, Fessard, Duflos, etc.

90 — Sujets gracieux.

Soixante-quinze pièces d'après Moreau le Jeune, Jeaurat, Vanloo, Schenau, Chardin, Lancret, Fragonard, etc.

91 — L'Accordée de village. — Embarquement pour Cythère. — Le Songe d'Amour. — Le Testament déchiré. — Lisez le Journal. — Le Bal champêtre, etc..

Vingt pièces in-fol., d'après Wateau, Greuze, Fragonard, Huette, Mlle Gérard, etc.

ECOLE HOLLANDAISE

92 — Sujets et paysage, d'après D. Téniers, Schalken, Metzu, etc..

Quarante-quatre pièces gravées par J. P. Le Bas, De Ghent, Le Vasseur, Basan, Le Veau, etc. Belles épreuves.

93 — Paysages et Animaux.

Quatorze pièces gravées par Ruysdaël, Berghem, Hackert, Roos et Zeemoan. Belles épreuves.

EISEN (d'après F.)

94 — L'Ecole Flamande. — L'Ecole Hollandaise

Deux pièces gravées par J. Ouvrier. Très belles épreuves.

95 — Concert Méchanique inventé par R. Richard, 1769, gravé par De Longueil.

Deux très belles épreuves dont une très-rare avec le lustre.

96 — La Comète, gravé par J. P. Le Bas.

Belle épreuve avec une petite marge.

FICQUET (Etienne)

97 — Théodore Romboutо. — J. Wildens. — W. Kalf.

Trois pièces pour l'Histoire des Peintres de Decamps. Très belles et rares épreuves dans le texte au verso.

98 — J.-J. Rousseau. — Vadé. — Descartes. — La Mothe Le Vayer. — J.-R. Rousseau. — J. de La Fontaine (pour les Contes et pour les Fables).

Huit pièces. Belles épreuves.

FILLION et VALMONT (chez)

99 — Bataille de Flana. — Bataille de l'Ecluse de Cuesmes.

Deux pièces ovales en couleurs. Très belles épreuves avec marges.

FLAMENG (Léopold)

100 — La petite Fille à la poupée. — La Pièce aux Cents Florins.

Deux pièces. Très belles épreuves, la première avant toutes lettres sur chine.

101 — Paris qui s'en va et Paris qui vient.

Titre et vingt-deux planches de la suite. Très belles épreuves.

FORSTER (François)

102 — Les Trois Grâces, d'après Raphaël.

Belle épreuve avant la lettre.

FORTUNY (M.)

103 — Vélasquez.

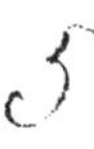

Très belle épreuve sur chine volant.

FRAGONARD (d'après H.)

104 — Le Verrou, gravé par Blot.

In-fol. Belle épreuve.

105 — Le petit Prédicateur. — L'Education fait tout.

Deux pièce gravées par N. De Launay. Superbes épreuves avant la dédicace, les noms des artistes tracés à la pointe sous le trait carré.

106 — Le Serment d'Amour. — La Bonne Mère.

Deux pièces gravées par J. Mathieu et N. De Launay, dont une en très belle épreuve.

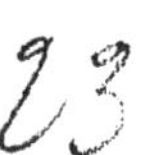

FRANC-MAÇONNERIE (Estampes sur la)

107 — L. A. R.·. L.·. l'Heureuse Alliance à l'Or.·. de l'Orient. — Brevet de Franc-Maçon du T. C. F. Dineur. — Cérémonies de réception.

Neuf pièces dont deux sur parchemin.

FRÉDÉRIC LE GRAND (Estampes sur)

108 — Portraits. — Batailles et Faits historiques. — Costumes.

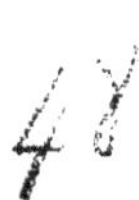

Cent cinquante pièces gravées par D. Chodowiecki, R. Vinkles, Meno Haas, Weiss, Kuhnel, Rugendas, etc.

GAVARNI

109 — Planches extraites de « La Mode ».

Cinquante pièces gravées par Nargeot et Trueb d'après les dessins de Gavarni, la plupart coloriées.

110 — Les Lorettes. — Boîte aux lettres. — Les Enfants terribles, etc..

Quarante-sept pièces coloriées. Belles épreuves.

111 — Lithographies extraites de : Masques et Visages, La Boîte aux Lettres, Les Débardeurs, etc.

Cinquante-neuf pièces, un certain nombre en belles épreuves.

112 — Œuvres choisies. *Aux bureaux du Figaro, s. d.*, in-fol. couv. imp.

GÉRARD (d'après Marguerite)

113 — La Traduction, gravée par H. Gérard.

In-fol. Très belle épreuve avant la lettre.

114 — L'Indécision. — La Résolution. — La Leçon.

Trois pièces gravées par H. Gérard. Belles épreuves.

115 — Le Présent. — L'Espoir du retour. — Dors mon enfant.

Quatre pièces in-fol. gravées par H. Gérard et Vidal ; une est en double avec une adresse différente. Belles épreuves.

GERMAIN (Pierre)

116 — Ornements d'église.

Quarante-quatre pièces gravées par Pasquier.

Au verso des épreuves sont collées en plein des adresses et des étiquettes curieuses de la Restauration.

GILLOT (Claude)

117 — Planches pour les Fables de La Mothe.

Soixante-sept pièces. Très belles épreuves tirées hors texte.

GODEFROY (Jean)

118 — Bataille d'Austerlitz, d'après Gérard. 1813.

Grand in-fol. Belle épreuve avec marges.

GRATELOUP (J. B. de)

119 — John Dryden (F. 4).

Très belle épreuve du 2e état, sur chine volant. Rare.

120 — Montesquieu (F. 7).

Très belle épreuve du 2e état, sur chine. Rare.

GRAVURES DIVERSES

121 — Miranda. — Rosina. — Femme au bain. — Scènes de Shakespeare, etc.

Huit pièces in-fol. Belles épreuves dont une avant toutes lettres.

122 — Mort du général Wolff. — Mort du major Pierson. — Bataille de la Hogue. — Bataille de Sédiman. Bivouac de Poniatowski, etc.

Douze pièces in-fol. gravées ou lithographiés par W. Woolett, A. Kessler, Jazet, Horace Vernet, etc. Bonnes épreuves.

123 — Sujets de genre et de fantaisie.

Quinze pièces anciennes et modernes gravées par I. Pavon, Leroux, Delaunay, Saenredam, etc.

124 — L'Amour et Psyché. — Paris et Hélène. — Le Coucher. — Léda. — Nymphes au bain. — Offrande à Priape. — La Correction conjugale, etc.

Dix-sept pièces in-fol., dont deux avant la lettre.

125 — Portraits. — Sujets religieux et de genre.

Vingt-trois pièces in-fol., d'après Greuze, Cochin, etc.

126 — Batailles. — Scènes diverses.

Vingt-sept lithographies.

127 — Sujets religieux et Paysages.

Quarante pièces in-fol., anciennes et modernes. Belles épreuves.

128 — Ornements. — Frises. — Bacchanales.

Cinquante pièces la plupart anciennes en un album cartonné.

129 — Sujets religieux et de genre. — Costumes. — Paysages, etc.

Soixante pièces anciennes et modernes.

130 — Sujets religieux et de genre. — Pièces historiques, etc.

Soixante-quinze pièces anciennes et modernes.

131 — Sujets religieux, mythologiques et de genre. — Paysages et Marines.

Cent soixante-quinze pièces, la plupart anciennes.

132 — Sujets religieux et de genre. — Portraits, Paysages.

Six cents pièces anciennes et modernes.

133 — Sujets religieux et de genre. — Paysages, etc..

Deux cent-cinquante pièces, la plupart in-fol. et anciennes.

134 — Sujets religieux, mythologiques et de genre. — Batailles et Paysages.

Cent-quatre-vingt pièces, la plupart anciennes.

135 — Sujets religieux et de genre. — Portraits et paysages.

Cinq cents pièces anciennes et modernes.

136 — Sujets religieux et historiques. — Vues et paysages. — Portraits.

Cinq cents pièces anciennes et modernes.

137 — Sujets religieux et historiques. — Vue et paysages.

Cinq cents pièces anciennes et modernes.

138 — Sujets mythologiques et religieux. — Pièces historiques et de genre. — Paysages et Marines, etc.

Cent-vingt-cinq pièces in-fol., anciennes et modernes, dont plusieurs avant la lettre.

GREUZE (d'après J.-B.)

139 — La Veuve et son Curé, gravé par J.-C. Levasseur.

Grand in-fol. Très belle épreuve.

140 — La Vertu chancelante. — L'Offrande à l'Amour. — Jeannette la Paresseuse. — La Fille confuse. — La Jeune Mère.

Sept pièces gravées par J. Massand, Cars, Ingouf, Macret, etc.

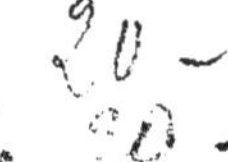

HENRIQUEL-DUPONT

141 — Bertin, d'après Ingres. 1844.

In-fol. Très belle épreuve avant la lettre, sur chine, avec la signature du graveur.

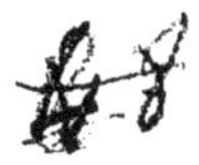

HOLLAR (Wenceslas)

142 — Diverses figures hollandaises. — Costumes de femmes.

Cent petites pièces, un certain nombre en doubles. Belles épreuves anciennes.

HOPFER, GRANTHOMME et **WOEIRIOT**

143 — Erasme. — Paul Melisse. — David Paré. — Th. de Bèze. — J.-J. Grynœus. — Jean Calvin. — A. Mergilet. — P. Boquin. — F. Duarenus.

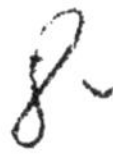

Neuf pièces. Belles épreuves.

HOWETT (Samuel)

144 — Wild Sports of The East....

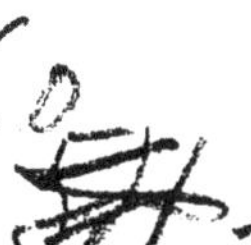

Quarante planches coloriées ; volume in-fol. obl. Londres, 1819. Bel exemplaire.

INCROYABLES (Pièces sur les)

145 — L'Inconvénient des perruques. — L'Anglomane. — Les Merveilleuses. — H !a quel vent ! c'est incroyable. — Les Croyables au Pérou. — Les Payables. — Départ des remplacés. — Ah ! quelle antiquité !!!.. — Ah ! qu'il est donc drôle ! — La Réponse Incroyable. — Le Retour Incroyable. — Hélas ! de vous à moi telle est la différence !!!... — Arrivée des remplaçans. — Les Incroyables. — Le Riche du jour.

Quinze pièces in-fol. gravées par Julien, Darcis, Tresca, etc. Belles épreuves.

ISABEY (d'après J.-B.)

146 — Napoléon 1er en costume de cérémonie.

In-fol. Très belle épreuve avant toutes lettres. Rare.

JACOBÉ (Jean)

147 — La Chasse royale d'après F. Casanova.

Gr. in-fol. Belle épreuve avant la lettre. Rare.

JANINET

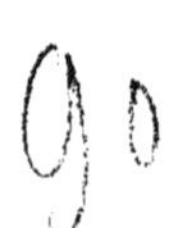

148 — Vénus et l'Amour. — Bacchante endormie.

Deux pièces ovales en couleurs. Epreuves réenmargées.

JAZET (J.-L. Alex.)

149 — Louis David, d'après Odevaere.

Grand in-fol. Deux épreuves dont une avant toutes lettres et l'autre avec les noms des artistes seulement.

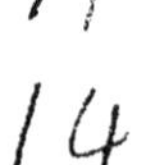

150 — Les Enfants de Paris, devant Witepsk, d'après H. Vernet.

Grand in-fol. Très belle épreuve avant la lettre.

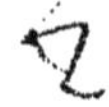

151 — Le Marché aux chevaux, d'après H. Lecomte.

In-fol. Très belle épreuve à grandes marges.

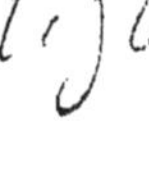

152 — Le Soldat laboureur, d'après Horace Vernet.

In-fol. Belle épreuve avant la lettre.

JÉSUITES (Estampes sur les)

153 — Embarquement des Jésuites de Naples au port de Pouzole, 1767. — Concile d'Embrun. — Pièce emblématique. — Expulsion des Jésuites d'Espagne 1767.

Quatre pièces. Belles épreuves.

JEU

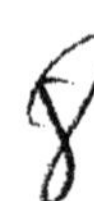

154 — Cent sujets différents de l'époque du Directoire, collés sur toile.

Grand in-fol., colorié.

JOURNEAUX (Chez)

155 — Recueil de Chiffres à deux lettres.

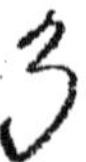

Quarante-et-une pièces en un album cartonné.

LA FONTAINE (Contes de)

156 — Vignettes d'après Eisen.

Cent vingt-six pièces anciennes et copies.

LALAUZE (Adolphe)

157 — Seigneur, d'après Meissonier. — Le Joueur de flûte. — Albanais, d'après Bargue.

Trois pièces dont deux à l'état d'eau-forte pure, sur japon, avec dédicace à Alex. Bida.

LAMI (Eugène)

158 — Collection des Armes de la Cavalerie française en 1831 et en 1834. — Dragons. — Chasseurs d'Alger.

Deux lithograhies in-fol. Belles épreuves coloriées.

LE BRUN (Mme Vigée)

159 — Mme Grassini, dans Zaïre, gravé par S. W. Reynolds.

In-fol. Très belle épreuve.

LEGOUX (L.)

160 — J. B. Dauberval. — Théodore Dauberval.

Deux petites pièces d'après Le Febvre. Très belles épreuves à toutes marges.

LEVILLY (J.-P.)

161 — La Rivalle Désabusée. — L'Heureux présage. — Je Latendois.

Trois pièces. Belles épreuves avec marges.

LITHOGRAPHIES

162 — Sujets de genre. — Marines. — Paysages.

Soixante-dix pièces, par Isabey, Léon Noël, Mouilleron, Heim, etc.

LIVRE D'HEURES

163 — Livre d'Heures, orné de gravures sur bois enluminées.

Exemplaire du XVIe siècle, incomplet.

MALGO (S.)

164 — La Princesse de Lamballe, d'après Ant. Hickel.

In-fol. Bonne épreuve sur chine.

MARE (T. de)

165 — Illustrations pour Molière, d'après Boucher. — Monument du Costume, par Dubouchet.

Quatre-vingt pièces en divers états. Très belles épreuves.

MARILLIER (d'après)

166 — Les Bains de Diane, gravé par Malcuvre.

In-fol. Deux épreuves dont une très belle, avant toutes lettres, avec grandes marges.

MASSON (Antoine)

167 — Les Pélerins d'Emaüs, d'après Titien.

In-fol. Belle épreuve.

MEISSONIER (Ernest)

168 — Le Sergent recruteur (H. B. 14).

Belle épreuve sur chine volant.

MEISSONIER (d'après E.)

169 — Spadassin, gravé par Ach. Gilbert.

Très belle épreuve avec la remarque, sur parchemin, signée.

MILLET (J.-F.)

170 — Sujets de paysan.

Deux autographies sur verre. Encadrées.

MINGHI (Gio Battista)

171 — Figures de ballet.

Trente-huit dessins rehaussés d'aquarelles en un album cartonné.

MODES et COSTUMES

172 — Costumes militaires, dessinés par Philippoteaux.

Quarante-cinq pièces en un album cartonné.

173 — Batailles. — Costumes militaires.

Cinquante-cinq pièces anciennes.

174 — Costumes civiles et militaires Russes et Polonais.

Cinquante-six pièces, la plupart coloriées. Belles épreuves.

175 — Art du tailleur contenant le tailleur d'habits d'hommes ; les culottes de peau, le tailleur de corps de femmes et enfants ; la Couturière et la Marchande de Modes, par Garsault. *S. l.*, 1769, in-fol., 16 planches, cart.

176 — Costumes Suisses.

Quarante-trois pièces coloriées en un album cartonné.

177 — Costumes extraits de divers ouvrages.

Trois cents pièces.

178 — Modes extraites du Costume Parisien, les Modes de Paris, les Modes Françaises. 1819-1830.

Soixante-six pièces, la plupart coloriées.

179 — Costumes civiles de l'Espagne, de la Suisse, de l'Italie, etc...

Cent quatre-vingt-dix pièces par Devéria, Pauquet, C. Gallina, Célestin Deshays, etc...

MONNOYER (Jean-Baptiste)

180 — Les Grandes Corbeilles de Fleurs.

Trois pièces in-fol. Bonnes épreuves.

MOREAU LE JEUNE (d'après)

181 — Oui ou Non, gravé par N. Thomas.

Bonne épreuve avec les lettres A. P. D. R.

MORGHEN (Raphaël)

182 — François de Moncade, d'après Ant. van Dyck.

In-fol. Belle épreuve.

183 — La Famille de la Duchesse de Holstein (d'après Angélica Kauffmann.

In-folio. Très belle épreuve avant la lettre. Rare.

184 — Angélica Kauffmann. — Louis XVIII. — Gaetano Filangieri. — La Fornarine.

Cinq pièces, dont deux très belles avant la lettre.

MUYDEN (E. Van)

185 — Compositions et lettres ornées pour les Trouvailles de Mr Bretoncel, Monsieur Tringle, de Champfleury. — St-Julien l'Hospitalier, de Flaubert.

Vingt dessins au lavis d'encre de chine, signés.

NANTEUIL (Robert)

186 — Jean Frédéric, duc de Brunswick, d'après Michelin (R. D. M.).

In-fol. Belle épreuve.

187 — Pierre Poncet (215). — Mich. Le Tellier. — Henri Guénégaud (106-1er Etat). — I. A. de Mesmes (192-1er Etat).

Quatre pièces. Très belles épreuves.

188 — V. le Bouthillier (R. D. 54). — Duc de Bouillon ( ). — Bochard de Champigny (42). — Guil. de Lamoignon (119). — Lamothe Le Vayer (143). — Mich. Le Tellier ( ). — Duc d'Epernon ( ). — Perefixe de Beaumont (211). — Loménie de Brienne (148).

Dix pièces. Belles épreuves.

NAPOLÉON Ier (Estampes sur)

189 — Portraits de Napoléon Ier et de Marie-Louise. — Batailles. — Jérôme Napoléon.

Dix pièces grand in-fol. par Godefroy, Rados, Lingée, etc... Belles épreuves.

190 — Portraits de Napoléon Ier et de Marie-Louise.

Quarante pièces anciennes et modernes.

191 — Portraits et Statue de Napoléon Ier.

Quatre pièces in-fol., gravées par Massard, Zehcavel, Zuliani. Bonnes épreuves dont une avant la lettre.

192 — Sacre de Napoléon. — Fêtes données à leurs Majestés par la ville de Strasbourg. — Le Champ de Mai. — Esquisse représentant la réunion des Souverains accompagnans sa Majesté.... au Bal du 4 décembre 1809.

Huit pièces. Belles épreuves dont une à l'état d'eau-forte.

193 — Batailles et Sujets historiques.

Soixante-dix pièces gravées ou lithographiées, plusieurs avant la lettre.

194 — Batailles de l'Empire. — Pièces historiques.

Dix-sept pièces par Charlet, Rados, Duplessis-Bertaux, etc., plusieurs avant la lettre.

195 — La Renommée et le Génie portent au Temple de l'Immortalité le Buste de Napoléon et de Joséphine, par Gautier aîné.

Très belle épreuve coloriée, avec marges.

196 — Demande Solennelle à S. M. l'Impératrice d'Autriche. — Cérémonie de la Remise à Braunau. — Acte de Renonciation. — Banquet Solennel dans la grande Salle du Palais, par Gros.

Quatre estampes relatives au Mariage de Napoléon avec Marie-Louise, tirées sur trois feuilles. — Superbes épreuves coloriées à grandes marges.

197 — Buonaparte, d'après W. M. Craïg, par Landreer, 1798.

In-fol. Belle épreuve. Rare.

198 — Cérémonie Religieuse du Mariage de Napoléon et de Marie-Louise, par Le Cœur.

Belle épreuve coloriée. Rare.

199 — Buonaparte, d'après Hilaire Le Dru. — Il Part, il Combat, il Triomphe.

Deux pièces in-fol. Belles épreuves. Rares.

200 — A Napoléon premier empereur des Français, gravé par Copia, d'après Prud'hon.

In-fol. Très belle épreuve, l'adresse grattée.

201 — Portrait en pied de Marie-Louise, gravé par L. Rados, d'après Prud'hon et Bosio.

In-fol. Belle épreuve encadrée.

202 — Napoléon Ier. — Marie-Louise. — Le Roi de Rome. — Costume du Sacre.

Sept pièces, gravées par Queverdo, A. Godefroy, Beauvallet, Pauquet et Locatelli. — Belles épreuves.

203 — Marie-Louise, d'après Durand-Duclos, par Ribault.

Deux belles épreuves dont une avant la lettre.

204 — Napoléon, dédié à Madame Letitia Bonaparte, par Richomme.

Deux très belles épreuves, dont une non terminée, avant toutes lettres.

205 — Louis Napoléon. — Eugène Napoléon, par Ruotte.

Deux pièces. Très belles épreuves coloriées, avec grandes marges.

206 — Napoléon le Grand. — Marie-Louise. — Eugène Napoléon. — Jérôme Napoléon. — Louis Napoléon, par Ruotte.

Cinq pièces petit in-fol. Belles épreuves à grandes marges.

207 — Bonaparte, d'après Carle Vernet, Schumker et Simon.

Deux pièces petit in-fol. Très belles épreuves dont une à l'état d'eau-forte pure.

208 — Portraits équestres de Napoléon Ier.

Trois pièces in-fol., dont deux gravées en manière-noire, par Tassaert et une avant toutes lettres.

209 — Conséquences of a Successul French Invasion. — Le Geai dépouillé de ses plumes empruntées. — Le volant Corse ou un joli joujou pour les alliés. — C'est Aujourd'hui la St-Lambert qui Quitte sa Place la Perd. — Glorieux règne de 19 ans. — Comme il gouverne depuis 15 ans. — Camarades je vais chercher du renfort.

Six pièces. Belles épreuves dont deux coloriées.

210 — Les Pestiférés de Jaffa. — Bataille d'Austerlitz. — Le Bivouac. — Allégories, etc.

Dix pièces in-fol. Bonnes épreuves.

211 — Au puissant Empereur qui du sein des ruines fait renaître les lois... — Astre brillant, immense... — Gloire à Napoléon homme rare... — A la gloire immortelle de Bonaparte. — Triomphe de la Constitution de l'an VIII. — Hommage à leurs Majestés et Royales... — La Liberté de l'Italie, dédiée aux hommes libres, etc...

Douze pièces in-fol., dont trois avant la lettre.

212 — Marie-Louise, gravée par Mécou. — Le Duc de Reichstadt.

Deux pièces in-fol. dont une avant toutes lettres.

213 — Portraits du duc de Reichstadt.

Dix pièces gravées ou lithographiées par Steinmuller, Carrière, Oct. Tassaert, etc.

214 — Le Minotaure Corse.

In-fol. Très belles épreuves, rare.

215 — Caricature anglaise renfermant neuf sujets relatifs à Napoléon Ier.

Epreuve imprimée sur étoffe, in-fol.

NAUDET et BALTARD

216 — Planches de la description du département de l'Oise.

Quarante pièces en un volume cartonné.

OPTIQUE (Vues d')

217 — Vues de France et de l'Etranger.

Cinquante pièces coloriées.

ORNEMENTS

218 — Motifs pour les Armuriers et les Bijoutiers.

Neuf pièces gravées par Delacollombe, Mayer, etc.

219 — Panneaux d'arabesques, gravés par Dolivar, d'après Jean Berain.

Dix-huit pièces. Belles épreuves.

220 — Panneaux d'arabesques, par Jean Berain.

Treize pièces.

221 — Panneaux de Lambris. — Lits et Fauteuils. — Chandeliers. — Pommeaux de cannes, etc., par Boucher fils, de la Fosse, etc.

Quarante pièces. Belles épreuves.

222 — Groupes de Fleurs et Attributs pastorals, de Musique, de Pêche, etc., d'après Ranson.

Vingt pièces. Belles épreuves.

223 — Motifs et détails d'ornementation architecturale, par Dietterlin.

Quarante-huit pièces, dont plusieurs doubles. Bonnes épreuves.

224 — Vases ornés. — Meubles. — Fond de coupe, attribué à Du Cerceau.

Soixante-sept pièces rares. Belles épreuves.

225 — Arabesques. — Rinceaux. — Objets d'Eglise, par les Hopfer.

Huit pièces. Belles épreuves.

226 — Motifs d'Architecture. — Chaises. — Vases. — Rinceaux. — etc., par Jean Le Pautre.

Soixante-cinq pièces. Belles épreuves.

227 — Différents Bouquets de Fleurs. — 2e Cahier, par Saint-Aubin, d'après Germain.

Quatre pièces coloriées. Belles épreuves à toutes marges.

228 — Cartouches. — Fontaines. — Arabesques par Toro, La Joue, Eisen, etc.

Cinquante-quatre pièces gravées par Huquier, Vassé, Guyot, Cochin, Le Roy, etc..

229 — Rinceaux. — Motifs de fleurs. — Ronds ornés de sujets, par Vauquer.

Cinq pièces. Belles épreuves dont un double.

230 — Cartouches. — Vases. — Motifs d'architecture, etc.

Quatre-vingt cinq pièces par divers artistes du 17e siècle.

231 — Trophées. — Vases. — Cartouches. — Encadrements. — Motifs d'Architecture. — Arabesques. — Armoiries et chiffres.

Deux cents pièces par divers artistes du 18e siècle.

232 — Vases. — Rinceaux. — Arabesques. — Motifs d'architecture. — Encadrements ornés et Armoiries, etc.

Trois cents pièces environ, anciennes et modernes.

OSTADE (Adrien van)

233 — Le Violon et le Petit Vielleur (B. 45). — Homme et femme conversant. — Le Charcutier. — Le Cordonnier. — Intérieur de cabaret, etc.

Douze pièces. Belles épreuves.

PAPIERS

234 — Un Lot de papiers de montage pour les gravures.

PARIS (Estampes sur)

235 — Vues et Monuments. — Scènes parisiennes. — Cris de Paris. — Vues d'optique.

Trente-six pièces, la plupart anciennes.

PATER (d'après J. B.)

236 — Le Baiser donné. — Le Baiser rendu.

Deux pièces gravées par P. Filloeul.

PERELLE (Adam)

237 — Vues des Châteaux et Parcs de Versailles, Chantilly, Clagny.

Quatre-vingt-treize pièces en un vol. oblong cartonné. Très belles épreuves de l'édition de Jean Mariette.

PICQUET (Jean)

238 — François de Molière, d'après D. Moustier. 1620.

Très belle épreuve du 1er état avant le nom du personnage au haut de la planche. Très rare en cet état.

PLONSKI (M.)

239 — Femme tenant un verre. — Jeune femme à la fenêtre.

Deux jolies aquarelles d'après Metzu. Encadrées.

PORPORATI

240 — Vénus caressant l'Amour.

In-fol. Très belle épreuve avant la lettre, avec marges. Rare.

PORTRAITS

241 — Ph. Sydney. — Ambr. Paré. — P. de Marnix. — Martin Luther. — Loyseau. — Franç. de Guise. — C. de L'Amberville. — N. Benard, etc.

Treize pièces gravées par Et. de Laulne, J. de Courbes, J. de Gheyn, Jaspar, Isaac, C. de Passe, etc. Belles épreuves.

242 — Portraits anciens et modernes.

Cent-vingt pièces dont plusieurs avant la lettre.

243 — Rousseau. — Voltaire. — Walter Scott. — Lord Byron. — Louis XIV. — Descartes, etc.

Trente pièces anciennes et modernes dont plusieurs en très belles épreuves.

244 — Louis XVI recevant le duc d'Enghien au séjour des bienheureux. — Charles X. — Comte de Chambord. — J. Delile. — Joly de Fleury. — Hardouin Mansart. — Holbein. — Abbé Maury. — Odillon-Barrot. — Lamartine, etc. 23

Quinze pièces in-fol. gravées par Jazet, Desmadryl, Edelinck, Drevet, etc.

245 — Général autrichien, gravé par Durmer. — La Reine de Hollande? gravée par D. Weiss. 17.

Deux pièces. Très belles épreuves avant la lettre.

246 — Paul Barras, gravé par Alex. Tardieu. — Officier étranger, gravé par Le Fevre-Marchand. — Prince de Benevent? gravé par W. Dickinson. 26 -

Trois pièces in-fol. Belles épreuves dont deux avant la lettre.

247 — Duc d'Angoulême. — De Bauffremont. — Charette. — H. Rigaud. — Keller. — Lamartine. — Card. Fleury, etc. 7 -

Vingt-trois pièces in-fol. Belles épreuves.

× 248 — Davoux. — Desaix. — Kléber. — Brune. 56

Six portraits in-fol. gravés par Charon, Dutertre, Alix, Mousaldi, Pradier et Tassaert. Belles épreuves.

249 — Macdonald. — Brune. — Léopold II, emp. d'Autriche. — Comte de Chambord. — Duc d'Enghien. — F. de Moncade. — François Ier, emp. d'Autriche. — Joseph Napoléon. 61 -

Dix pièces in-fol., gravées par Tassaert, Pradier, Desmadryl, Morghen, etc.

× 250 — Lafayette. — A. de Laborde. — Général Pajol. — Soult. — Moncey. — Oudinot. — Pichegrue, etc. 26 -

Dix-huit portraits in-fol., gravés ou lithographiés.

251 — Comtesse de Carlisle. — Poussin. — Général Foy. — Charles X. — Louis-Philippe. — Comte d'Harcourt, etc... 50

Cinquante-cinq portraits in-fol., anciens et modernes.

252 — Guez de Balzac. — Scudéry. — Montaigne. — Rabelais. — Denis Talon. — C. de Marolles. — Louis, dauphin de France. — Furetière. — Guébriant. — Louis XIV. — Lamothe Le Vayer. — Ed. Colbert, etc..

Trente-trois pièces gravées par L. Gaultier, Nanteuil, Edelinck, Drevet, Vallet, Landry, Mellan, Vermeulen, etc. Bonnes épreuves.

253 — Lamartine. — Firmin Didot. — Casimir Périer. — Thiers. — Duc d'Angoulême. — Comte de Chambord. — Victor Cousin. — Ducis, etc..

Soixante-quinze lithographies par Grevedon, Belliard, Maurin, Lafosse, etc..

254 — Cuvier. — Charles X. — Napoléon III. — Chénier. — Duc d'Enghien. — François d'Autriche, etc..

Cent pièces gravées par Lorichon, Bertrand, Henriquel-Dupont, Godefroy, Benedetti, etc.. Belles épreuves dont plusieurs avant la lettre.

255 — P. Guérin. — Raphaël. — Rembrandt. — Denon. — Gavarni. — Rubens. — Poussin. — Lesueur. — David. — Meissonnier. — Holbein, etc..

Vingt-huit pièces gravées ou lithographiées par L. Cogniet, Forster, Ch. Blanc, Grevedon, Potrelle, Madou, Weber, Cochin, etc... Belles épreuves dont plusieurs avant la lettre.

256 — Jules III, pape. — Ambr. Paré. — Henri III. — Souverains d'Espagne. — Alb. Durer, etc..

Quarante pièces gravées par Enéas Vico, G. Horbeck, Custos, etc..

257 — Prince de Vaudemont. — C. Rollin. — Louis XIV. — Louis XV. — Maupertuis. — Rousseau. — Raynal. — Barnave. — Louis XVI, etc..

Cent pièces gravées par Baléchou, Daullé, Larmessin, Tardieu, Gaillard, Miger, Coqueret, Bonnet, etc..

258 — D. Talon. — De Mesmes. — Le Tellier. — Chrystin. — Mareri. — Fléchier. — Mazarin, etc..

Cinquante pièces gravées par Nanteuil, Morin, Lochon, Larmessin, Lasne, Edelinck, etc..

259 — Mme de Maintenon. — Mme de Sévigné. — La Fornarine. — Duchesse de Nemours. — Marie-Louise de Tassis, Comtesse d'Artois. — La Joconde, etc..

Quatre-vingts pièces par L. Gaultier, Vermeulen, Allais, Frosne, Henriquel-Dupont, etc..

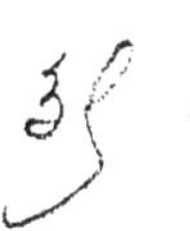

260 — G. Schalcken. — Ier Etat. — Rubens. — J. G. Sivel. — L. Bakhuizen. — A. Durer. — F. Boucher. Th. Galle, etc., etc..

Quatre-vingts pièces gravées par G. Schalcken, Carrache, Vorsterman, Sadeler, Pontius, Backuizen, etc..

261 — Arthur Godwin. — Amiral Tromp. — Louis XIII. — Coppenol. — C. Hazart, etc..

Quatre-vingt-dix pièces gravées par G. Sadeler, Sandrart, Vorsterman, Suyderhoëf, Van Gunst, etc..

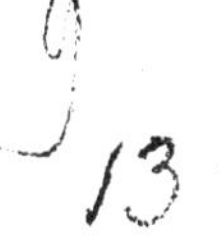

262 — Christian de Bavière. — Henri VIII. — H.-G. Koch. — Prince de Condé. — Erasme, etc..

Vingt-neuf pièces par Houbraken, Bartolozzi, Tanjé, Grignon, etc..

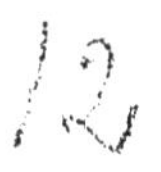

PRUD'HON (d'après P.-P)

263 — L'Amour séduit l'Innocence ; gravé par B. Roger.

In-fol. Très belle épreuve avant la lettre à toutes marges.

264 — La Cruche cassée, gravé par Villerey.

In-fol. Très belle épreuve avant la lettre, avec grande marge.

265 — Oh ! les jolis petits chiens. — Mange mon petit, mange.

Deux pièces in-fol. gravées par B. Roger. Belles épreuves à toutes marges.

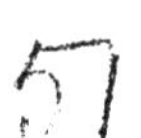

RAFFET (Aug. D. M.)

266 — Le Réveil. — Histoire de Jean-Jean. — Le Drapeau du 17e Léger. — Combat d'Oued-Alleg. — Dévouement du Clergé catholique, etc..

Cinquante pièces.

RELIURE

267 — Livre des achats de M. Heuguet, marchand

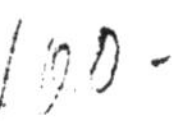

d'estampes, quai Voltaire, nº 7. Emboité dans un mar. rouge.

Reliure aux armes du Comte de Vergennes, ministre sous Louis XVI.

REMBRANDT VAN RYN

268 — Le Christ présenté au peuple. 1636. (B. 77).

In-folio. Superbe épreuve avant la taille échappée sur le visage de l'homme penché. Rare en cet état.

RESTAURATION (Estampes sur la)

269 — Sujets et figures de fantaisie, la plupart de Nargeot.

Cent quatre-vingt-quatre planches coloriées, en un album cartonné. Superbes épreuves.

270 — Sujets de genre. Petite motifs de boites, etc.

Cent vingt-huit pièces. Très belles épreuves dont plusieurs imprimées en couleurs.

RÉVOLUTION (Estampes sur la)

271 — Les Douceurs de la fraternité. — Allégorie. — La Fédération.

Trois pièces gravées par Giraud, Gautier et un anonyme. Belles épreuves.

272 — The Last Interview Between Louis XVI, and his Family. — Mort de J.-P. Marat.

Deux pièces par Cruikshank et Aliprandi.

273 — Séparation de Marie-Antoinette d'avec sa famille. — Journée du 18 brumaire. — Le Départ. — Le Retour.

Quatre pièces in-fol., dont deux avant toutes lettres.

274 — Liste (sujet allégorique) de MM. les Députés du Clergé et de la ville de Paris, 1789.

Deux pièces publiées par Guyot. Très belles épreuves coloriées à grandes marges.

275 — Scènes historiques. — Caricatures. — Portraits. — Sujets allégoriques.

Soixante-dix pièces anciennes et modernes.

276 — Les Derniers Adieux de Louis XVI à sa famille, par Engelbrecht.

Belle épreuve. Rare.

RÉVOLUTION DE 1830

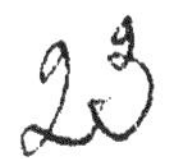

277 — Portraits des défenseurs de la Charte.

Epreuve imprimée sur soie.

REYNOLDS (S. W.)

278 — Madame Grassini dans Zaïre, d'après Mme Vigée-Le Brun. 1806.

In-fol. Superbe épreuve à toutes marges.

RUBENS (d'après P.-P.)

279 — Sainte Famille aux Anges, gravé par Bolswert. — Hérodiade apportant la tête de St-Jean, par le même.

Deux pièces in-fol., dont une sans aucune lettre. Très belles épreuves.

SAVART (Pierre)

280 — Jean Racine. — Colbert. — Richelieu.

Trois pièces. Très belles épreuves.

SCHENAU (d'après E.)

281 — La Prude. — La Mystérieuse. — La Nonchalante. — La Rusée.

Quatre pièces gravées par Louise Gaillard. Belles épreuves.

282 — Le Petit Joueur de Vielle. — La Petite Musicienne. — Amusements Russes.

Trois pièces gravées par Angèle Martinet et B.-L. Henriquez. Très belles épreuves à toutes marges.

SCHIAVONE (André)

283 — Cartouches ornés de figures allégoriques.

Douze pièces. Belles épreuves. Rares.

SCHMIDT (G. F.)

284 — Portrait de l'artiste (planche à l'araignée). — Têtes d'hommes et de femmes, d'après Rembrandt, Flinck. — Paysages, etc.

Trente-cinq pièces ; très belles épreuves, la plupart provenant de la collection de Robert Dumesnil.

SEYMOUR-HADEN (Francis)

285 — The Towing Path. (La promenade au bord de l'eau) (B. 67).

Très belle épreuve.

SILVESTRE (Israël)

286 — Perspective de la Ville de Paris, veue du Pont des Tuileries, 1650.

In-fol. Belle épreuve.

SIMONIN

287 — Planches pour les Armuriers.

Huit pièces, dont six très belles. Rares.

STEPHANUS (Atribué à)

288 — Scènes de Chasse, fond de coupe.

Dessin à la plume, rehaussé de lavis.

SUJETS GRACIEUX

289 — Figures nues. — Scènes mythologiques et de genre.

Cent pièces, la plupart du XVIIIe siècle.

SUJETS RELIGIEUX

290 — Repos en Egypte. — Saintes Familles. — Le Christ descendu de la Croix, etc.

Vingt pièces in-fol., gravées par Rosaspina, Muller, Perfetti, Pradier, Toschi, etc., d'après Raphaël, Poussin, Rembrandt, Le Dominiquin. Belles épreuves dont neuf avant la lettre.

THÉATRE (Estampes sur le)

291 — Portraits d'Acteurs et d'Actrices. — Scènes de Comédie.

Quatre-vingt pièces gravées ou lithographiées.

292 — Portraits d'acteurs et d'actrices. — Scènes de Comédie.

Soixante pièces gravées et lithographiées.

293 — Scènes et Costumes de Théâtre. — Portraits d'Acteurs et d'Actrices : G. A. Bellamy, Mlle Lescot, Mlles Dutey et Dumesnil, etc..

Trente pièces anciennes. — Bonnes épreuves.

294 — Comédiens. — Scènes de Comédie.

Cent-quatre dessins anciens à la sanguine en un album cartonné.

THÉNOT

295 — Paysage.

Aquarelle in-fol., signée et datée ; Octobre 1838.

TOSCHI et **LONGHI**

296 — Saintes Familles d'après Raphaël. — Jésus et St Jean. — Un prophète.

Cinq pièces in-fol. dont trois avant la lettre. Très belles épreuves à toutes marges.

TOUZÉ (d'après)

297 — Les Amusements Dangereux, par Voyez le Jeune.

Belle épreuve avec marge.

VERNET et **LESPINASSE**

298 — Ports de Marseille, Toulon, Cette et Antibes. — Vue intérieure de Paris.

Huit pièces in-fol. Belles épreuves.

VERNET (Carle et Horace)

299 — Chevaux. — Chiens. — Fables de La Fontaine, etc..

Quatre-vingt dix pièces.

VERNET (d'après H.)

300 — Le Grenadier, gravé par Jazet ?

Grand in-fol. Très belle pièce ; superbe épreuve avant toutes lettres.

VERNET

301 — Etude de Cheval Français suivant un soldat du Train d'Artillerie, gravé par Jazet.

In-fol. Bonne épreuve.

VERNET, BELLANGÉ, DEVÉRIA (d'après, etc.)

302 — Le Chien du Régiment. — Le Vieux soldat et sa Famille. — Adieux d'un brave. — Le Grenadier pansé. — Un Vendredi. — Robinson Crusoë, etc..

Treizes pièces in-fol. gravées par Jazet, Ch. Johannot, Lecomte, Potrelle, Prévost, etc.. Belles épreuves dont deux avant la lettre.

VIANEN (Jan van)

303 — Vaisseaux. — Galères. — Saiques. — Galiotes. Brulots, etc..

Seize pièces. Belles épreuves coloriées.

VICO, DELAULNE, BOIVIN

304 — Vases. — Arabesques. — Armoirie.

Vingt-huit pièces.

VIGNETTES

305 — Vignettes pour les Contes de La Fontaine, la Jérusalem délivrée du Tasse, les Œuvres de Virgile, etc., par Eisen et Cochin.

Trente-cinq pièces dont deux à l'état d'eau-forte pure.

306 — Vignettes pour le théâtre de Beaumarchais, la Dunciade, les Œuvres de Rousseau et de Gessner etc., par Gravelot et Marillier.

Quatre-vingts pièces d'après Gravelot, Marillier, Le Barbier et Monnet.

307 — Vignettes pour la Henriade, les Œuvres de J.-J. Rousseau, Théâtre de Voltaire, etc., par Moreau jeune.

Cent quinze pièces dont plusieurs doubles.

308 — Vignettes diverses des 18e et 19e siècles pour divers auteurs.

Sept cents pièces.

VINCI (attribué à L. de)

309 — Têtes de femmes. — Tête d'homme.

Trois dessins, dont deux provenant de la collection G. Vallardi.

VOITURES (Estampes sur les)

310 — Berline de Ville. — Diligence française. — Landeau anglais, etc..

Seize pièces des 18e et 19e siècles. Belles épreuves.

WALTNER (Ch. Alb.)

311 — Espagnol d'après Henri Regnault. — Les trois Mages d'après Rubens. — Le Christ mort, d'ap. Van Dyck. — Amateur, d'apr. Fortuny. — Le Postillon d'ap. Wilkie. — Portrait d'après La Tour.

Dix pièces. Belles épreuves sur japon.

WATTEAU (Antoine)

312 — Costumes.

Cinq pièces. Belles épreuves.

WILKIE (d'après D.)

313 — The rabbit on the wall, gravé par John Burnet 1821.

In-fol. Belle épreuve sur chine.

WOLSTENHOLME (D'apr. D.)

30 314 — Coursing. — Planches 2, 3 et 4. Hunting, pl. 2. — Shooting, Pl. 3.

Cinq pièces gravées par Himely, Stewart et Sutherland. Belles épreuves coloriées.

OUVRAGES DIVERS

315. **Almanach.** Etat actuel de la Musique du roi et des Trois spectacles de Paris. *Paris*, 1772, in-18, figures, mar. rouge, tr. dor.

316. **Almanach des dames** 1811, 1825, 1828, 1829, 1830, 1831, 1833, 1834, 1835, 1837, 1838, 1840, 12 volumes, in-18, figures, br., non rog.

317. **Armelhault et Bocher**. L'Œuvre de Gavarni, lithographies originales et essais d'eaux-fortes. Catalogue raisonné. *Paris,* 1873, in-8, eaux-fortes, dem.-rel. mar. violet, dor. en tête.

318. **Catalogues.** 9 volumes in-4 et in-8, eaux-fortes, br. couv. imp.

Marmontel. — Trétaigne. — Berwick. — Baron d'Ivry. — Double. — Josse, etc.

319. **Catalogues.** 7 volumes in-4 et in-8, br. et cart.

Cercle de la librairie. Catalogue de l'Exposition de gravures anciennes et modernes, 1881. — Catalogue Uzielli, 1860. — Robert Napier, 1865. — Muséum, par Robinson, Londres 1862. — Muséum Vienna, 1860, etc.

320. **Divers.** 15 volumes in-4, in-8 et in-12, cart.

Daphnis et Chloé. Paris, 1872. — Livre à dentelles. — A. B. C. du sportsman, par Pinel. — Histoire de l'état présent de l'Empire Ottoman, par Briot. Paris, 1670, fig. — Les Van de Velde, par Michel. — L'Aquarelle, par Pascal, 1837. — Album de Hetzel, 1843. — Album du jeune paysagiste. — Souvenir de Milan. — Album Haas, 1846. — Album Ronzi, etc.

321. **Goldoni.** Le Bourru bienfaisant, comédie. *Paris, Duchesne*, 1771, in-8, mar. rouge, tr. dor.

Aux Armes de Papillon de Ferté, Intendant des Menus-Plaisirs du roi.

322. **Marius Michel.** La Reliure française depuis l'invention de l'imprimerie jusqu'à la fin du XVIIIe siècle. *Paris*, 1880, in-4, planches, br. couv. imp.

323. **Papillon.** Traité historique et pratique de la Gravure en bois. *Paris,* 1766, 2 vol. in-8, fig., v. m. — **Blanc** (Charles). L'Œuvre complet de Rembrandt. *Paris*, 1859, in-8, fig. (Tome premier), dem.-rel.

324. **Paris** et ses Environs par Deroy. — Vues de Paris prises au daguerréotype, par Chamouin. Ensemble 2 vol. in-4, cart.

325. **Reisch.** (Georgius). Margarita philosophica, totius philosophiae rationalis et moralis principia duodecim libris dialogice complectens. (A la fin) *margaritam philosophicam nouis characteribus dilucidatam Michael Furterius impssit Basileae Anno, 1517, die vero 5 Martii*, in-4, v. brun, fers à froid.

Manque le Titre. Nombreuses figures sur bois, tirées avec le texte.

326. **Thiers.** Atlas pour servir à l'histoire des Campagnes de la Révolution française et du Consulat et de l'Empire. *Paris*, 1846-49, 2 vol. in-4, dem-rel.

Baugé (Maine-et-Loire). — Imprimerie Daloux.

www.ingramcontent.com/pod-product-compliance
Ingram Content Group UK Ltd.
Pitfield, Milton Keynes, MK11 3LW, UK
UKHW021316190726
13839UKWH00007B/1882

9 782329 543529